Nº 1.

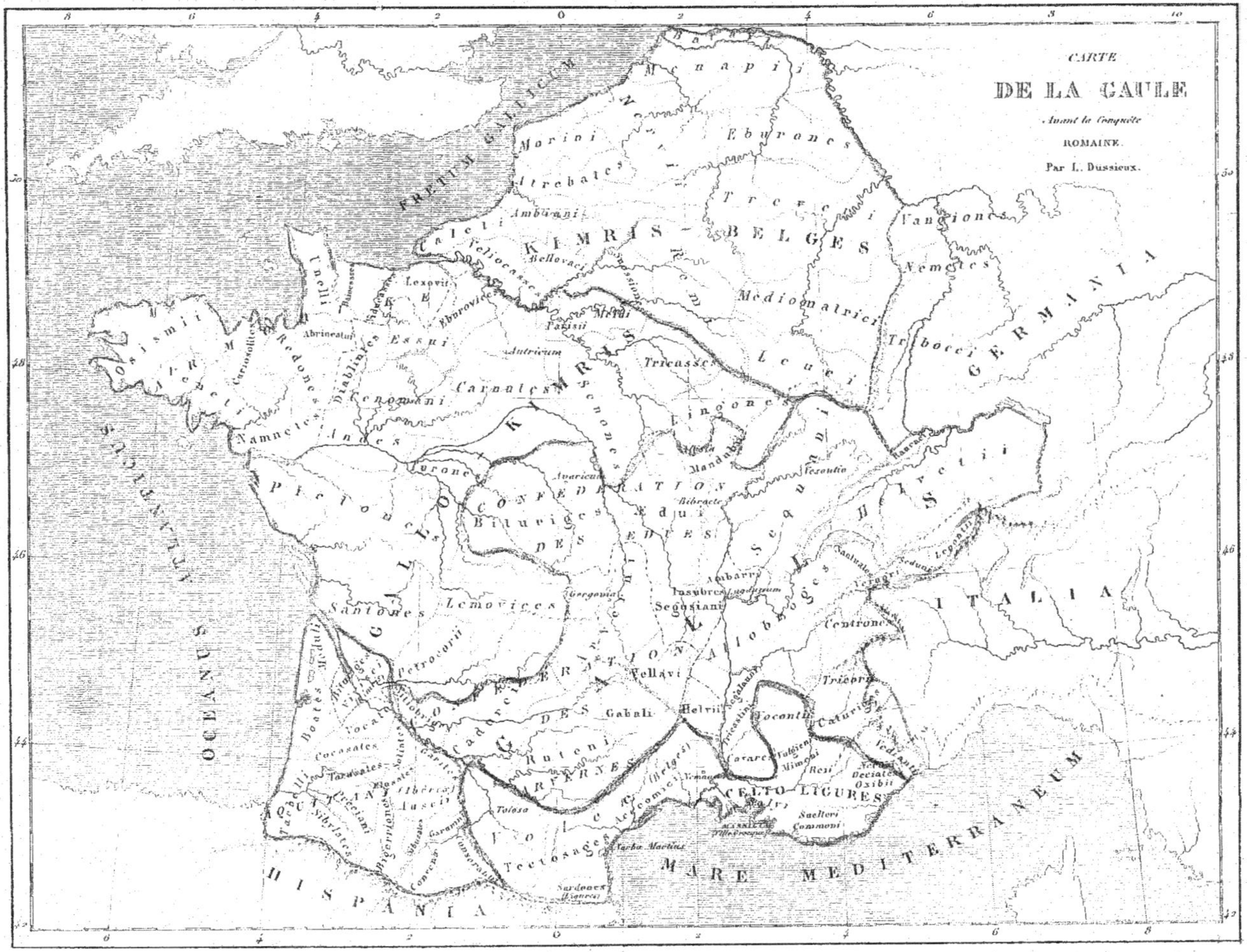

CARTE

DE LA GAULE

Avant la Conquête

ROMAINE.

Par L. Dussieux.

N° 2

CARTE
DE LA GAULE
d'après les Commentaires de César
représentant une suite théorique
de ses expéditions
Dressée par L. Dussieux.
BRITANNIA
Cantium
Fretum Gallicum
Morini
Menapii
Batavi
Usipetes
Tencteri
Sicambri
Suevi
Ubii
Eburones
Aduatici
Condrusi
Segni
Treveri
Ardvenna Silva
Centrones
Ambivariti
Aulerci
Atrebates
Nervii
Ambiani
Caleti
Bellovaci
Veliocasses
Remi
Suessiones
Catelauni
Mediomatrici
Leuci
Tribocci
Nemetes
Vangiones
Unelli
Lexovii
Eburovices
Essui
Diablintes
Redones
Osismii
Curiosolites
Coriosopiti
Veneti
Namnetes
Andes
Cenomani
Carnutes
Parisii
Meldi
Tricasses
Senones
Lingones
Mandubii
Sequani
Rauraci
Helvetii
Rhæti
Pictones seu Pictavi
Turones
Bituriges
Ædui
Boii
Lemovices
Santones
Petrocorii
Arverni
Segusiani
Ambarri
Allobroges
Nantuates
Veragri
Lepontii
Centrones
GALLIA CISALPINA
Cadurci
Gabali
Vellavi
Helvii
Ruteni
Segalauni
Vocontii
Tricastini
Tricorii
Caturiges
Cavares
Salyes
Commoni
Volcæ Arecomici
Tolosates
Tectosages
Sardones
Cocosates
Vocates
Tarusates
Tarbelli
Preciani
Sibuzates
Garumni
Bigerriones
Pyrenæi Montes
OCEANUS ATLANTICUS
MARE MEDITERRANEUM

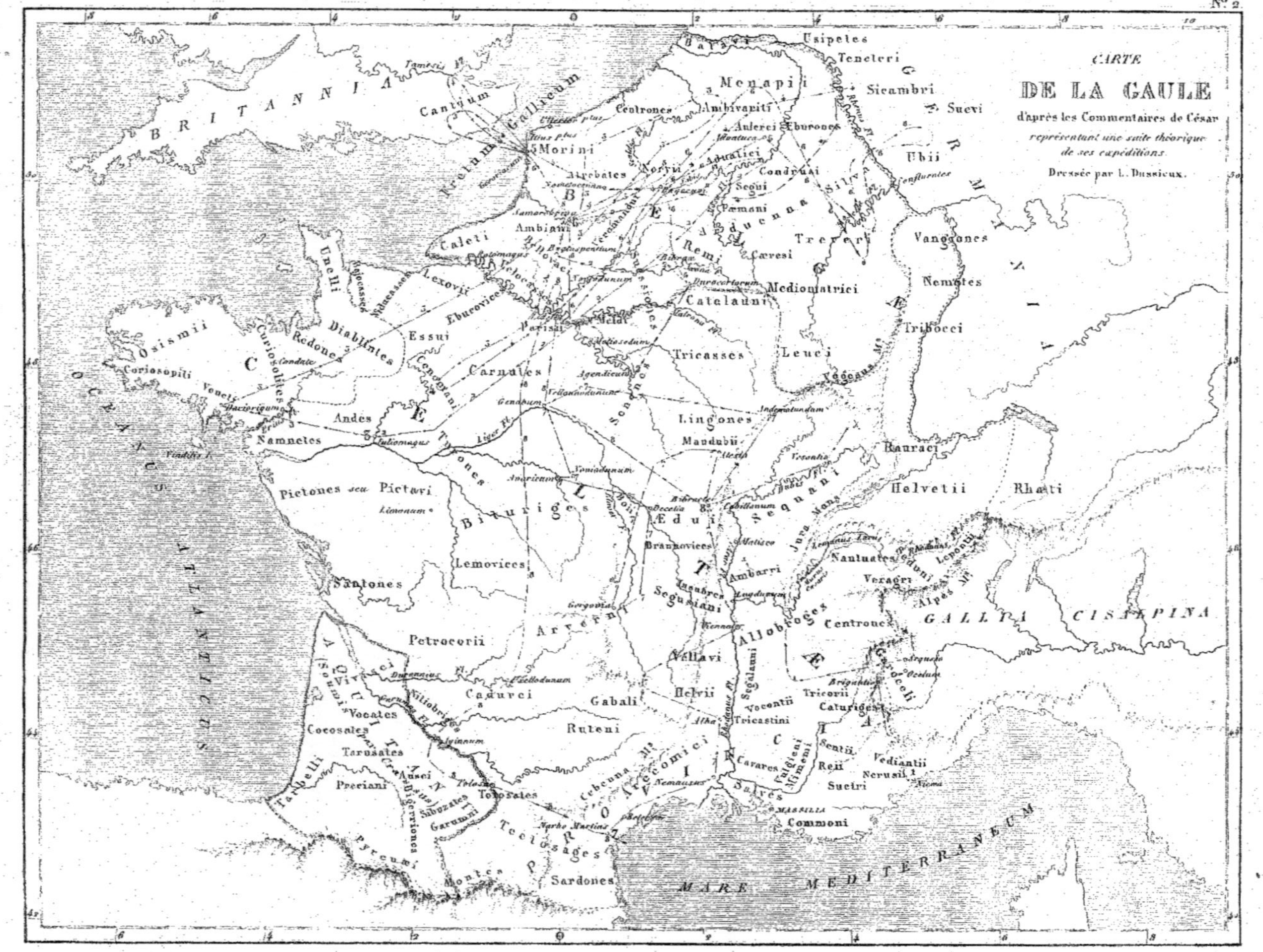

Nº 3

CARTE
DE LA GAULE
divisée en 17 provinces
Dressée par L. Dussieux
OCEANUS BRITANNICUS
OCEANUS ATLANTICUS
BRITANNIA
GERMANIA
ITALIA
(LES SEPT PROVINCES)
MARE MEDITERRANEUM
GALLICUS SINUS
Colonia Agrippina
Moguntiacum
Lugdunum
Narbo Martius
Aquæ Sextiæ
Burdigala
Bituriges

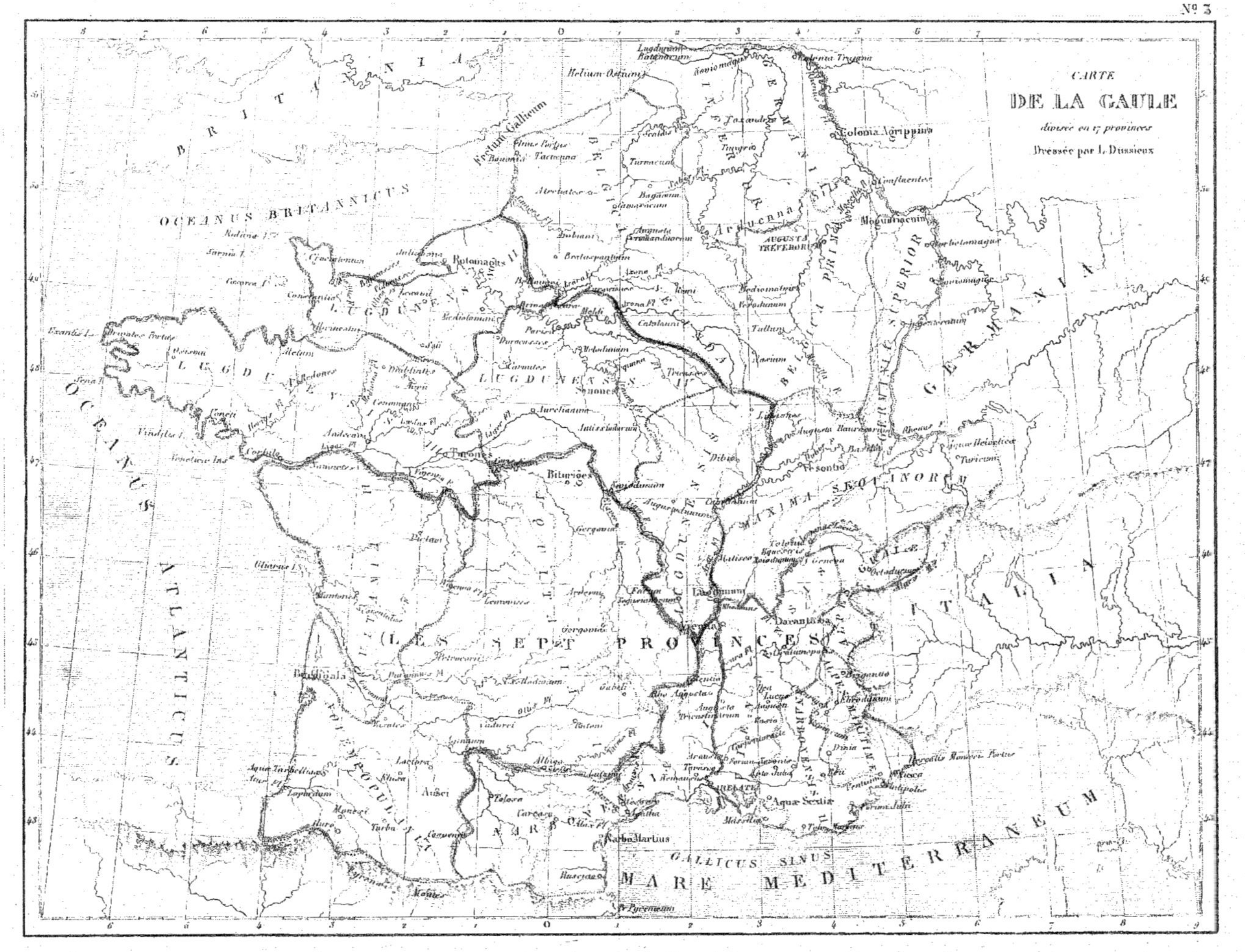

N° 4

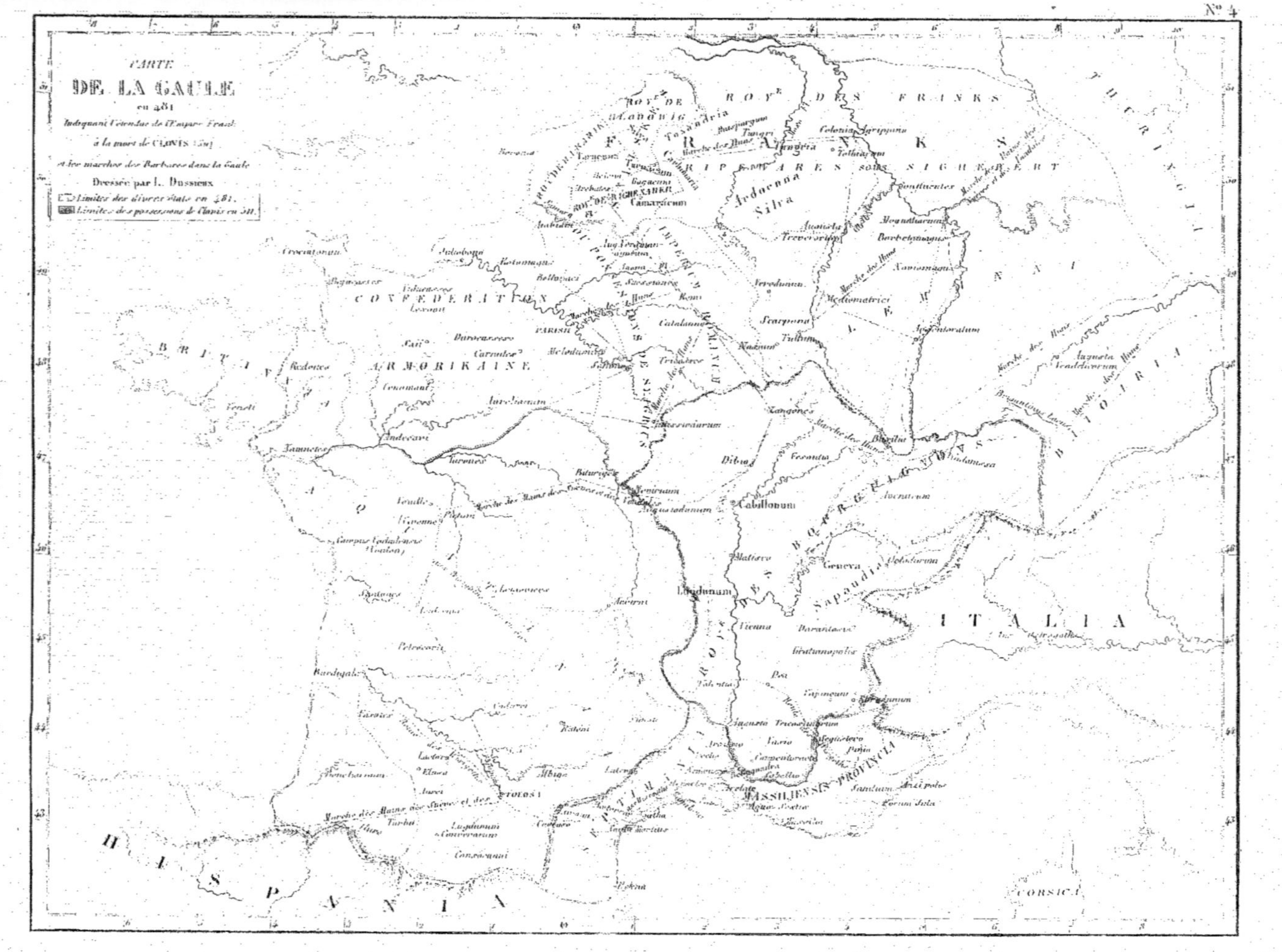

CARTE
DE LA GAULE
en 481
Indiquant l'étendue de l'Empire Franc
à la mort de CLOVIS (511)
et les marches des Barbares dans la Gaule
Dressée par L. Dussieux
Limites des divers États en 481.
Limites des possessions de Clovis en 511.
ROYME DES FRANKS
RIPUARES sous SIGHEBERT
Ardoenna Silva
CONFEDERATION ARMORIKAINE
BRITTANNIA
IMPERIUM ROMANUM
ROYme DES BOURGUIGNONS
Sapaudia
ITALIA
HISPANIA
MASSILIENSIS PROVINCIA
BAIOARIA
THURINGI
CORSICA
Lugdunum
Cabillonum
Geneva
Vienna
Treverorum
Andecavi
Turones
Aurelianum
Catalaunum
Mediomatrici
Argentoratum
Tolosa
Burdigala
Marche des Huns

Histoire de la lutte de la Neustrie et de l'Austrasie.

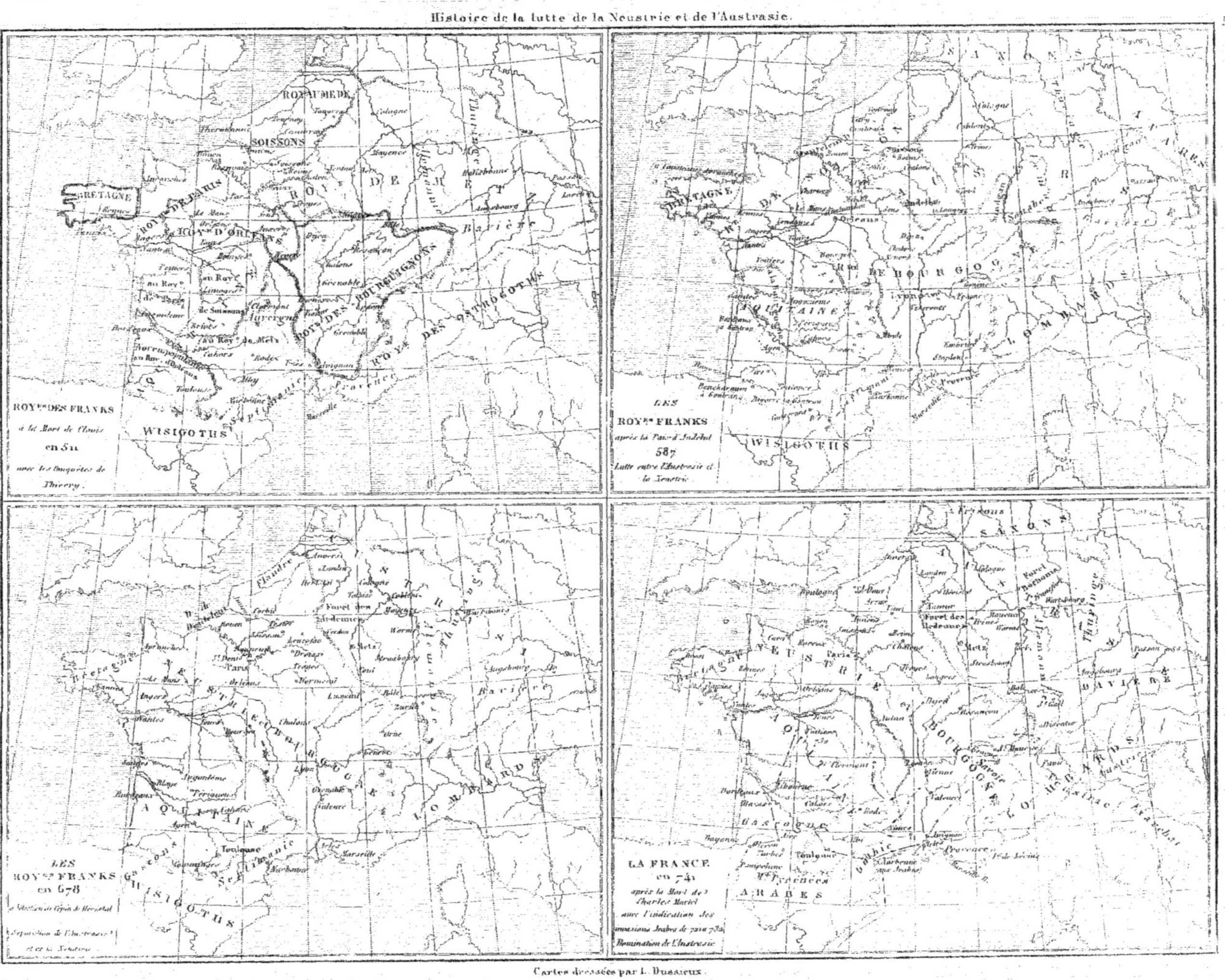

N° 9

CARTE
de l'Empire de
CHARLEMAGNE
Dressée par L. Dussieux.
ROY^me DES ANGLO-SAXONS
Bretagne
N e u s
A U S T R A S I E
Westphale
Ostphales
Obotrites
PEUPLES TRIBUTAIRES
BOHÈME
M O R A V E S
Thuringe
Alemannie
Bavière
Carantanum
Frioul
Carniole
Esclavonie
Hunnie
Avarie
Croatie
EMPIRE GREC
R^e D'AQUITAINE
Gascogne
Bourgogne
Provence
MARCHE DE GASCOGNE
Navarre
Marche d'Espagne
A R A B E S
Iles Baléares
Majorque
Corse
Sardaigne
Sicile
Toscane
D^é de Spolète
MER ADRIATIQUE
Dalmatie
MER BALÉARE
MER MÉDITERRANÉE

N° 10

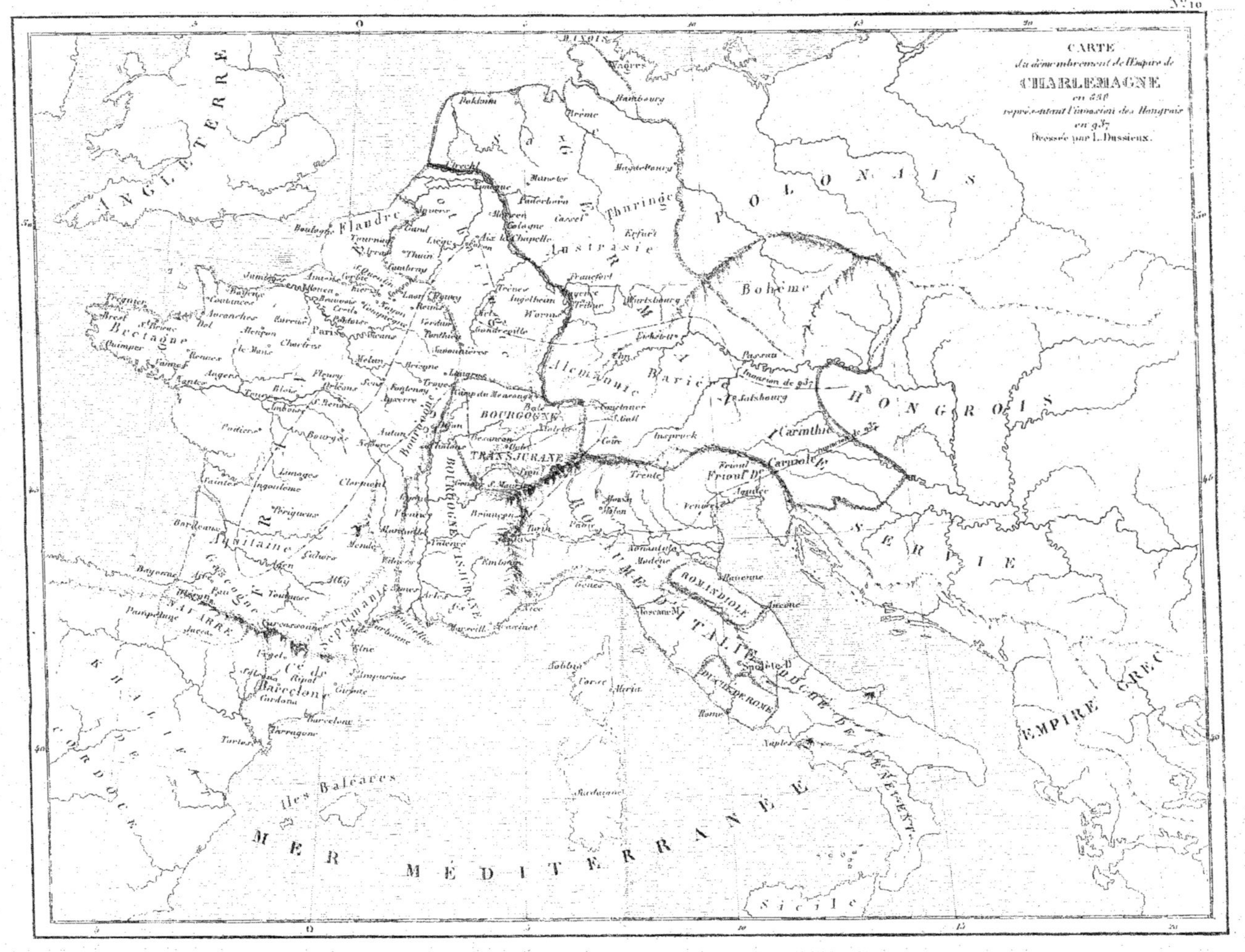

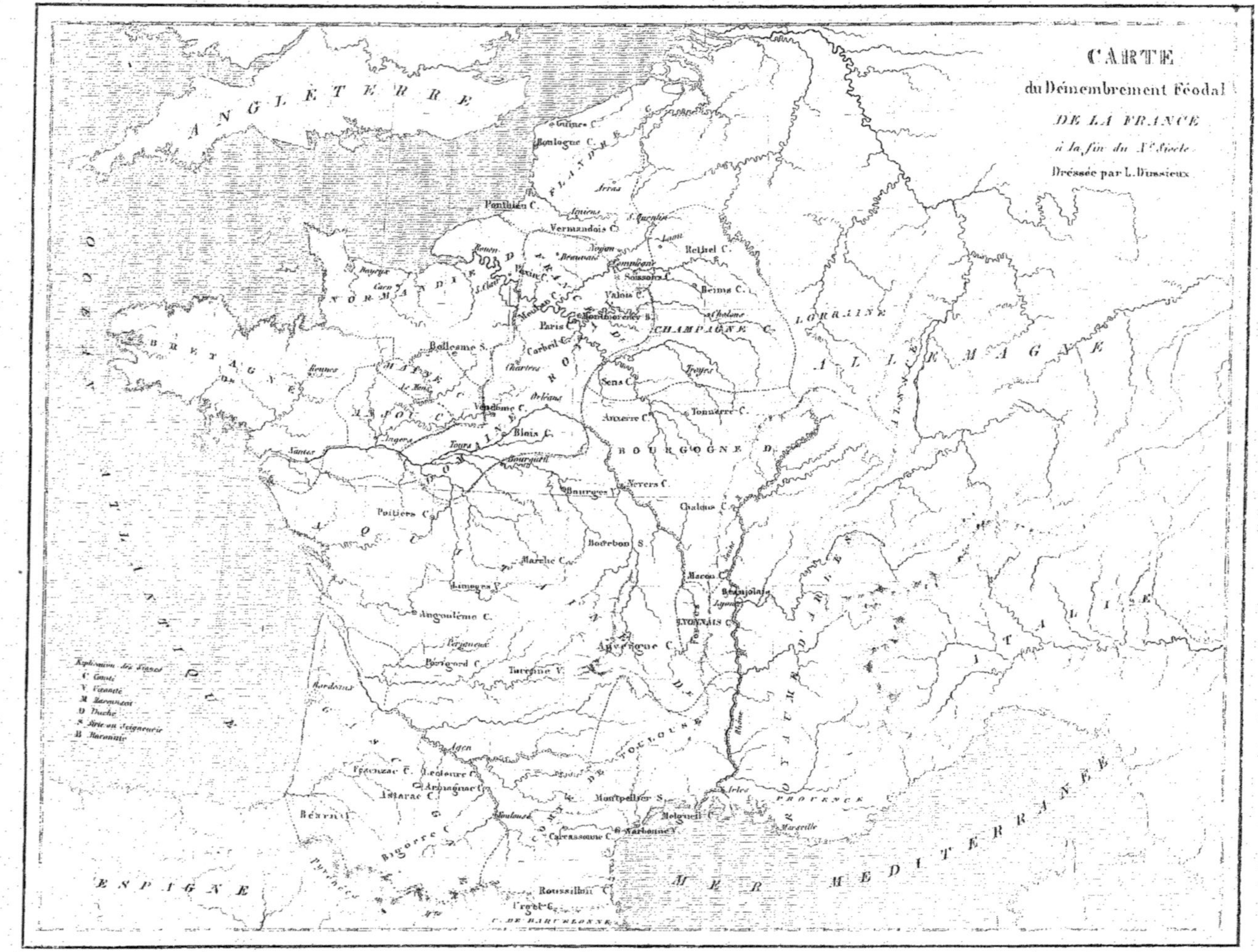
CARTE
du Démembrement Féodal
DE LA FRANCE
à la fin du X.e Siècle
Dressée par L. Dussieux
Explication des Signes
C Comté
V Vicomté
M Marquisat
D Duché
S Sirie ou Seigneurie
B Baronnie
ANGLETERRE
OCÉAN ATLANTIQUE
ESPAGNE
MER MEDITERRANÉE
ALLEMAGNE
ITALIE
LORRAINE
ALSACE
FLANDRE C.
Guines C.
Boulogne C.
Arras
Ponthieu C.
Amiens
S.t Quentin
Vermandois C.
Laon
Rethel C.
Noyon
Beauvais
Compiègne
Rouen
Vexin C.
Soissons C.
Reims C.
Bayeux
Caen
NORMANDIE
S.t Clair
Valois C.
Meulan C.
Montmorency B.
Chalons
Paris C.
CHAMPAGNE C.
BRETAGNE D.
Bellesme S.
Corbeil C.
Rennes
Chartres
Troyes
MAINE C.
Le Mans
Sens C.
Orléans
Vendôme C.
ANJOU C.
Auxerre C.
Tonnerre C.
Blois C.
Angers
Tours
Nantes
Bourgueil
BOURGOGNE D.
Nevers C.
Bourges V.
Chalons C.
Poitiers C.
Bourbon S.
Marche C.
Macon C.
Beaujolais
Limoges V.
Lyon
LYONNAIS C.
Angoulême C.
Périgueux
Périgord C.
Auvergne C.
Turenne V.
Forez C.
Bordeaux
Agen
Fezenzac C.
Lectoure C.
Armagnac C.
Astarac C.
Béarn V.
Toulouse
Montpellier S.
Melgueil C.
Carcassonne C.
Narbonne V.
Bigorre C.
Roussillon C.
Urgel C.
Pyrénées
Arles
PROVENCE C.
Marseille
Rhône
Saône

N° 12

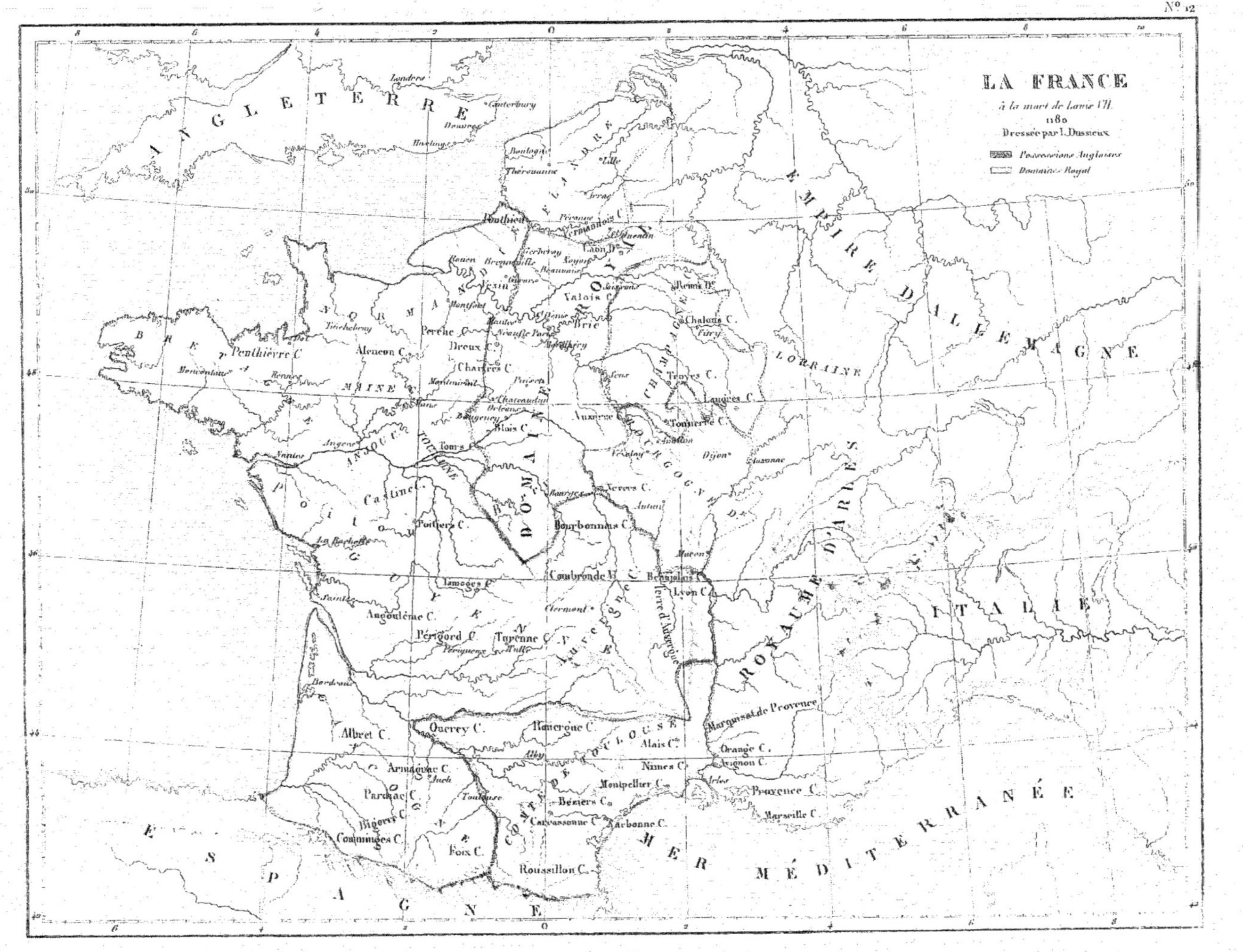

N° 13.

LA FRANCE
à la mort de Philippe Auguste
1223
Dressée par L. Dussieux
ANGLETERRE
FLANDRE
Brabant
Artois
BRETAGNE
NORMANDIE
Paris
CHAMPAGNE
BOURGOGNE
EMPIRE D'ALLEMAGNE
POITOU
BOURBONNAIS
Périgord
AUVERGNE
Velay
DAUPHINÉ
Marquisat de Provence
PROVENCE C.
ARMAGNAC
TOULOUSE
ROUSSILLON
ARAGON
ESPAGNE
MER MÉDITERRANÉE

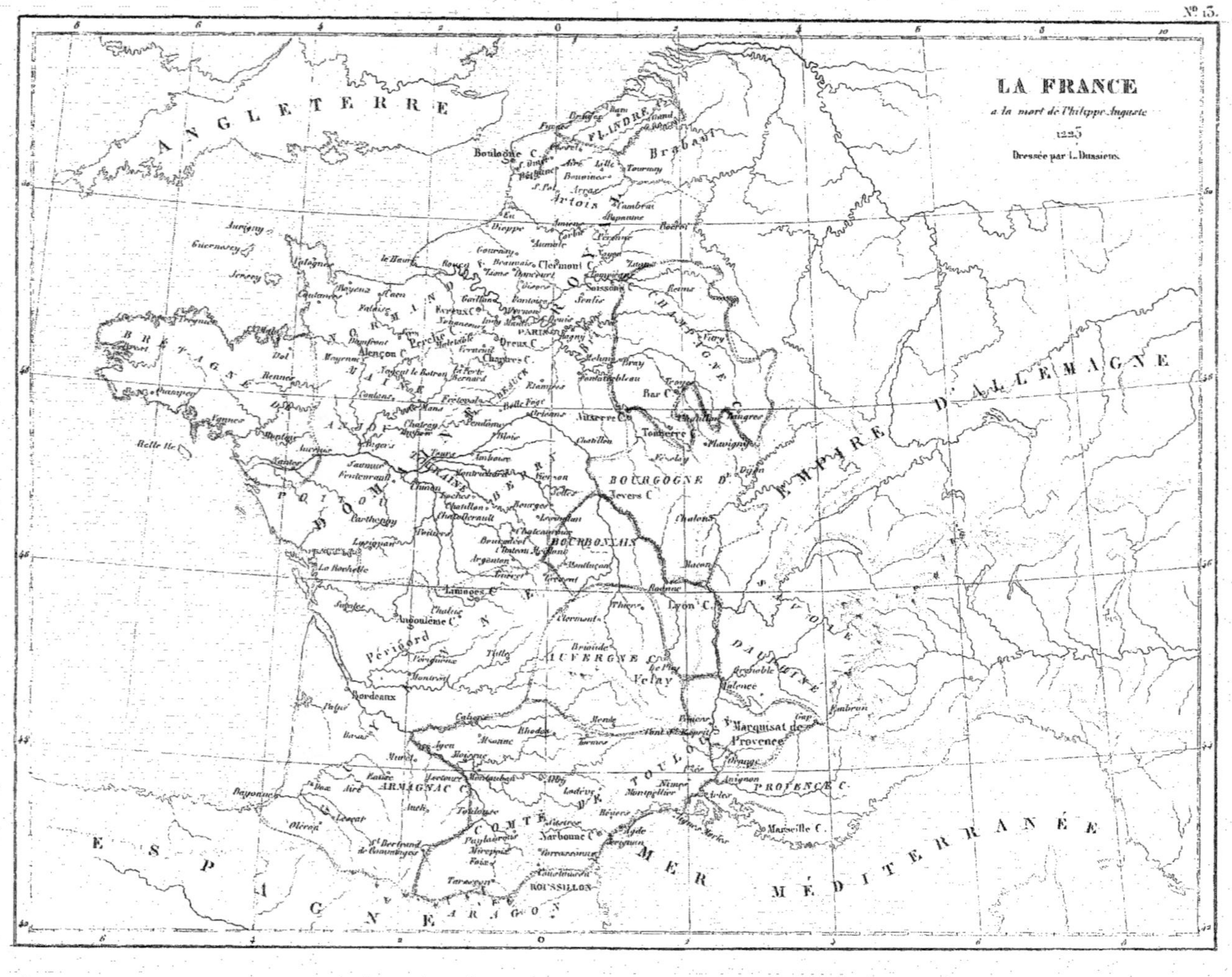

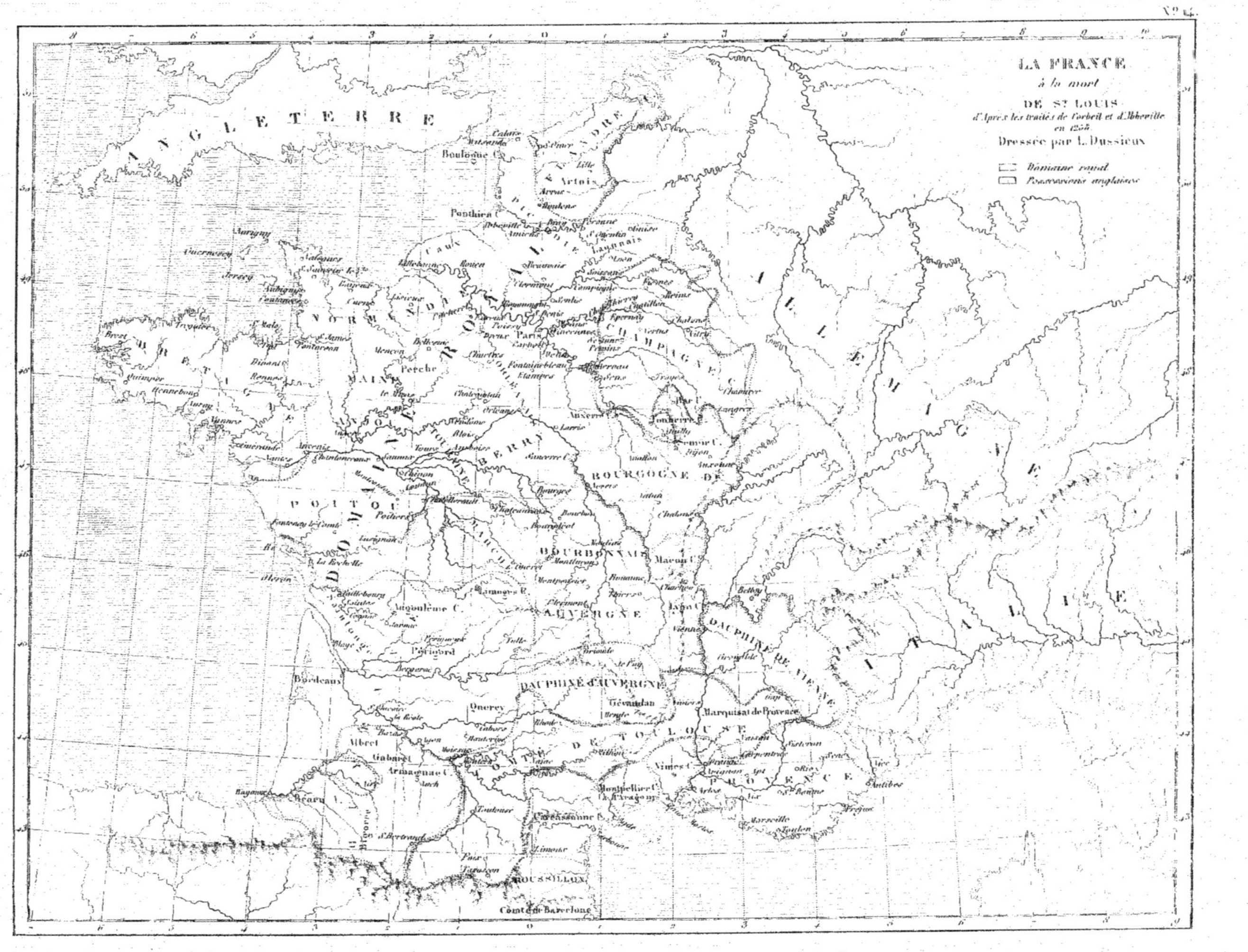
N° 4.
LA FRANCE
à la mort
DE S.T LOUIS
d'Après les traités de Corbeil et d'Abbeville
en 1258.
Dressée par L. Dussieux
Domaine royal
Possessions anglaises
ANGLETERRE
ALLEMAGNE
ITALIE
FLANDRE
Artois
Lille
Calais
Boulogne C.
Ponthieu C.
Amiens
Rouen
Caux
Beauvais
Reims
CHAMPAGNE
Paris
Chartres
Etampes
Perche
NORMANDIE
BRETAGNE
Brest
Rennes
Nantes
Vannes
MAINE
ANJOU
TOURAINE
Tours
Orléans
BERRY
BOURGOGNE
Dijon
Sens
Troyes
POITOU
Poitiers
La Rochelle
Oléron
Angoulême C.
Limoges
MARCHE
BOURBONNAIS
AUVERGNE
Lyon
Vienne
DAUPHINÉ DE VIENNE
DAUPHINÉ D'AUVERGNE
Périgord
Quercy
Bordeaux
Gévaudan
Marquisat de Provence
COMTÉ DE TOULOUSE
Albret
Gabaret
Armagnac C.
Auch
Béarn
Bayonne
Bigorre
Toulouse
Carcassonne
Montpellier
Nîmes
PROVENCE
Marseille
Toulon
Antibes
Sisteron
ROUSSILLON
Comté de Barcelone

Nº 15

LA FRANCE
à la mort
DE PHILIPPE-LE-BEL.
en 1314
Dressée par L. Dussieux.
Domaine royal.
Aux Anglais.
Fiefs indépendants,
mais relevant du Roi.
ANGLETERRE
MANCHE
ALLEMAGNE
ITALIE
MER MEDITERRANEE
ARAGON
COMTÉ DE FOIX
ARMAGNAC
PROVENCE
BOURGOGNE
BOURBONNAIS
LIMOGES C.
CLERMONT C.

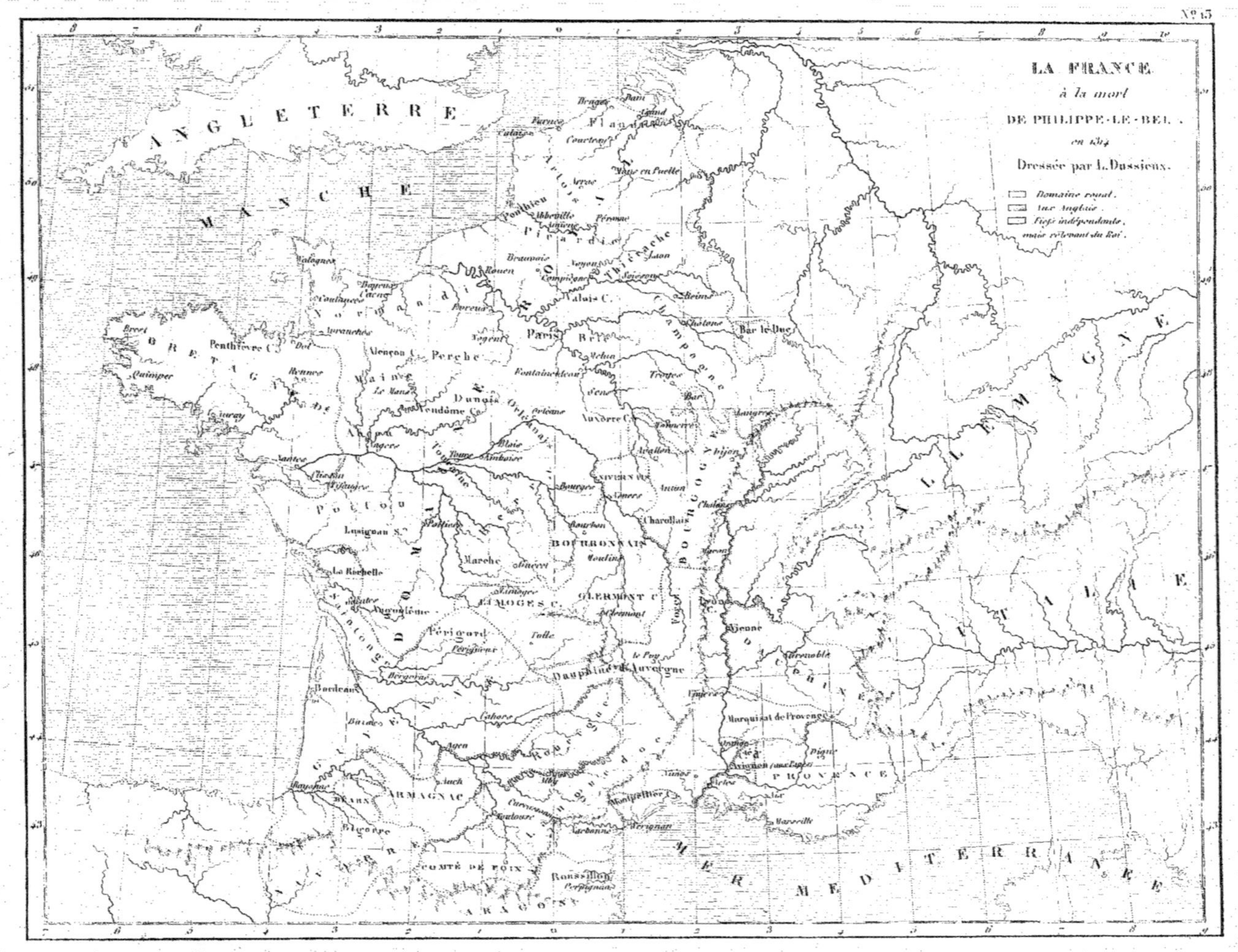

Guerres avec l'Angleterre.

N.° 16.

LA FRANCE
au Traité de Bretigny.
1360.

Domaine Royal
aux Anglais

N.° 17.

LA FRANCE
à la Mort de Charles V.
1380.

Domaine Royal
aux Anglais

N.° 18.

LA FRANCE
à la Mort de Charles VI.
1422.

Domaine Royal
aux Anglais

N.° 19.

LA FRANCE
à la Mort de Charles VII.
1461.

N° 20.

LA FRANCE
à la mort de Louis XI.
1483.
Dressée par L. Dussieux.
ANGLETERRE
PAYS BAS
Flandre
ALLEMAGNE
LORRAINE
SUISSE
SAVOIE
ITALIE
Normandie
Picardie
Champagne
Brie
PARIS
Bretagne
Maine
Perche
Anjou
Poitou
Berry
BOURBONNAIS
Marche
Limosin
Auvergne
Velay
Forez
Lyonnais
Bourgogne
Franche Comté
Dauphiné
Vivarais
Gévaudan
Rouergue
Guyenne
Albret
Armagnac
BÉARN
NAVARRE
Languedoc
Lauraguais
FOIX
Roussillon
Cerdagne
Provence

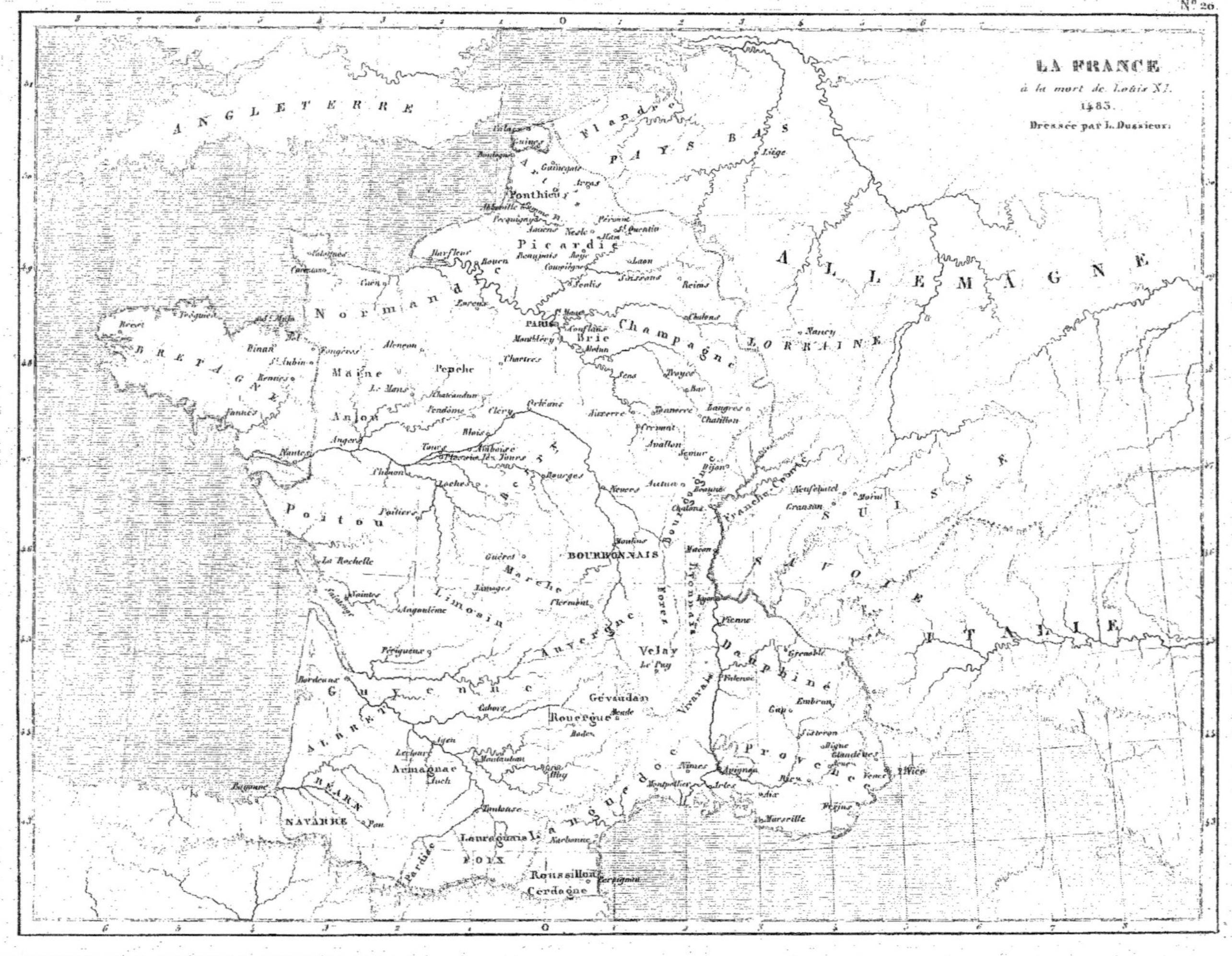

N° 21

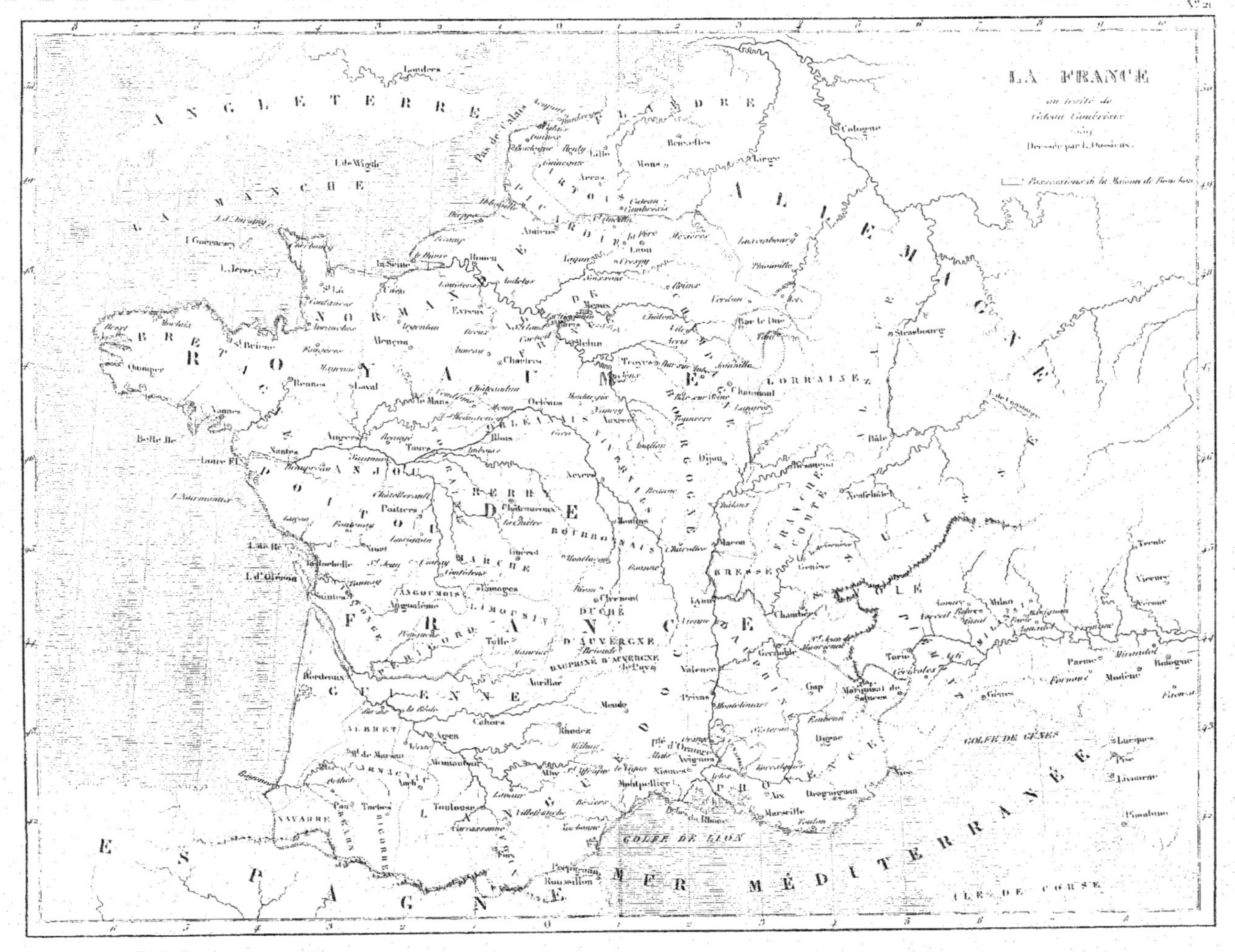

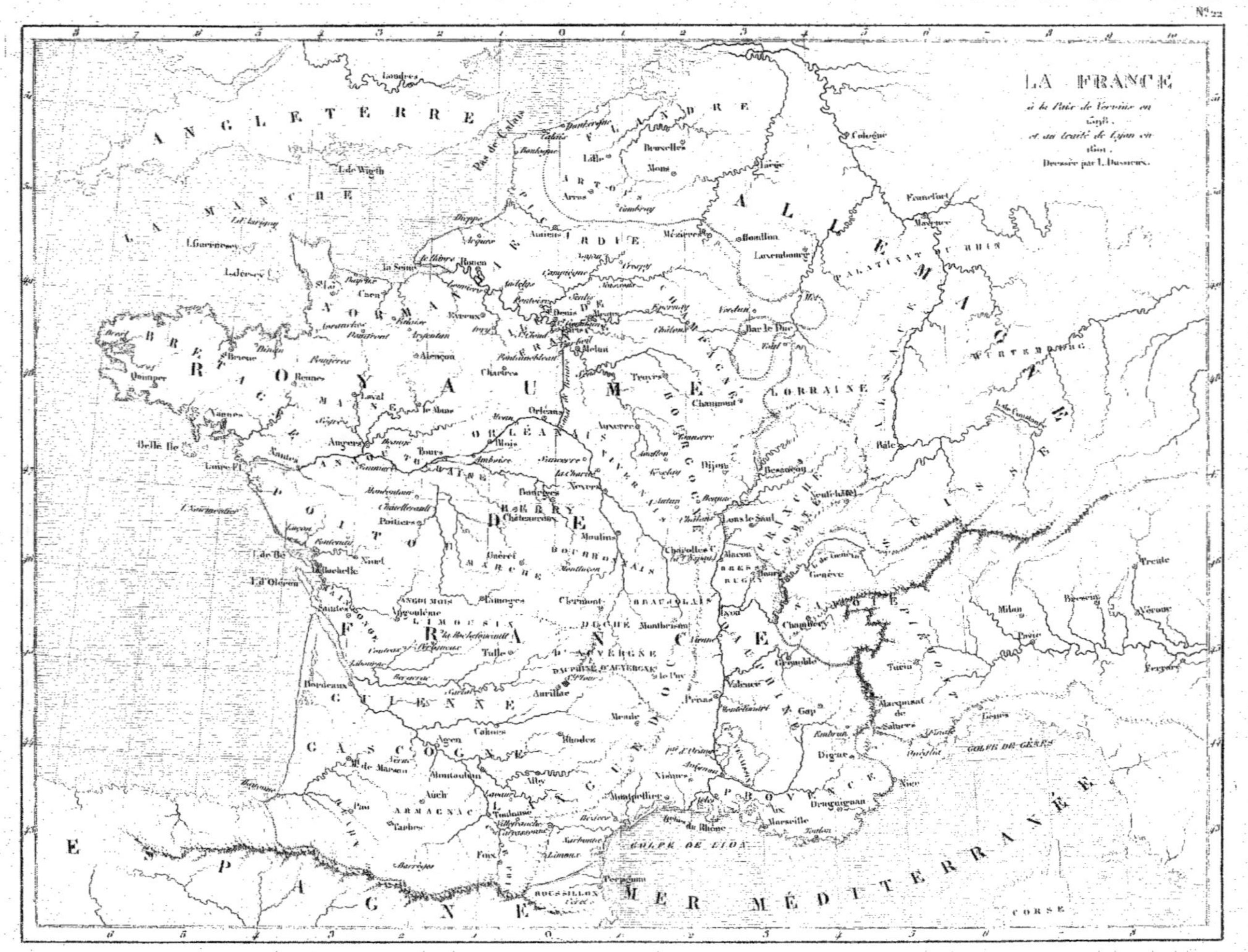
LA FRANCE
à la Paix de Vervins en 1598.
et au traité de Lyon en 1601.
Dressée par L. Dussieux.
ANGLETERRE
LA MANCHE
Pas de Calais
FLANDRE
ARTOIS
PICARDIE
NORMANDIE
BRETAGNE
ROYAUME DE FRANCE
ORLÉANAIS
BERRY
POITOU
MARCHE
BOURBONNAIS
LIMOUSIN
AUVERGNE
GUIENNE
GASCOGNE
ARMAGNAC
LANGUEDOC
PROVENCE
DAUPHINÉ
BOURGOGNE
CHAMPAGNE
LORRAINE
FRANCHE COMTÉ
SAVOIE
PIÉMONT
SUISSE
ALLEMAGNE
ESPAGNE
ROUSSILLON
MER MÉDITERRANÉE
GOLFE DE LION
GOLFE DE GÊNES
CORSE
Paris
Londres
Orléans
Lyon
Marseille
Bordeaux
Toulouse
Nantes
Rouen

№ 23.

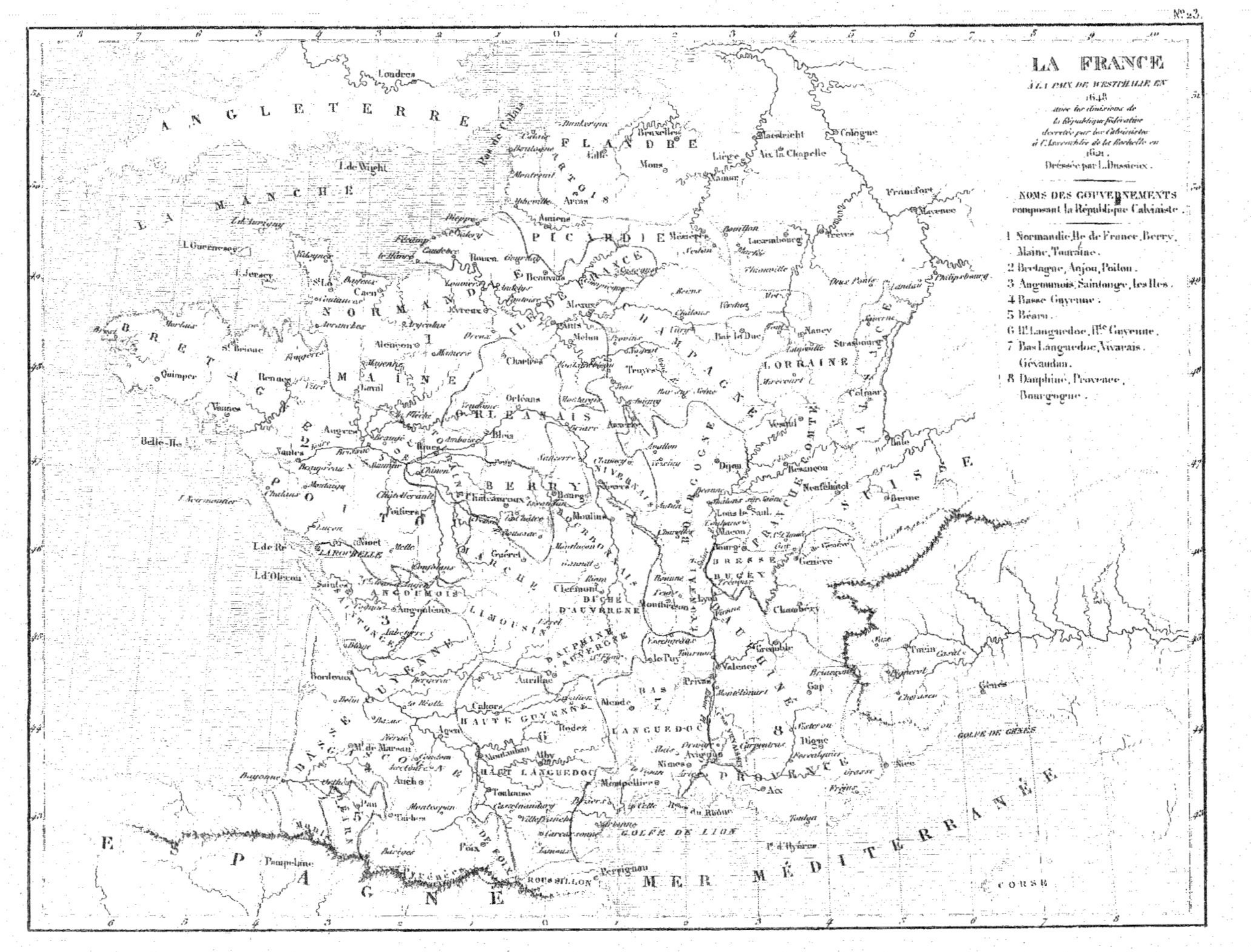

N°. 24.

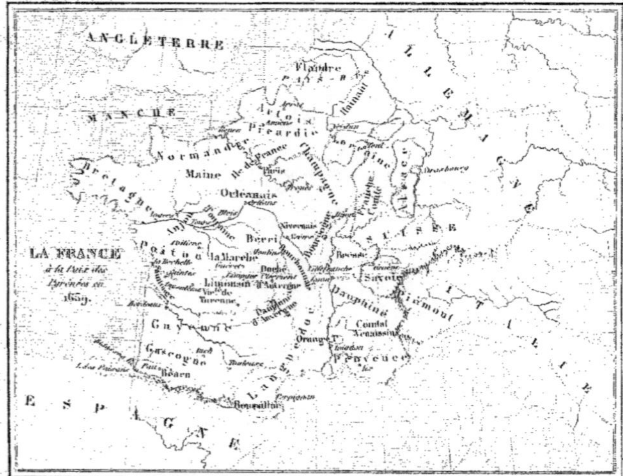

ANGLETERRE

MANCHE

ALLEMAGNE

SUISSE

ITALIE

ESPAGNE

LA FRANCE
à la Paix des
Pyrénées en
1659.

N°. 25.

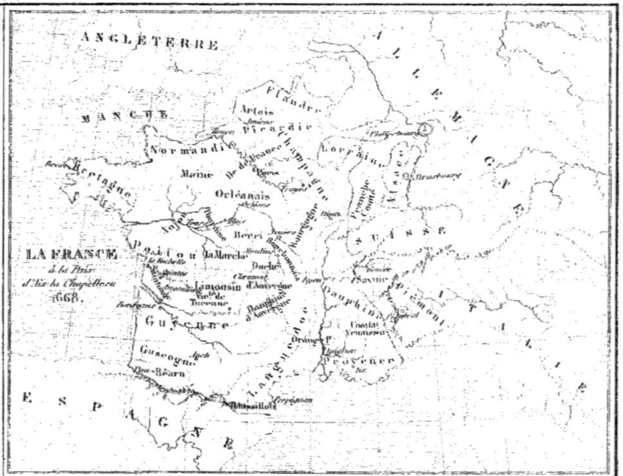

ANGLETERRE

MANCHE

ALLEMAGNE

SUISSE

ITALIE

ESPAGNE

LA FRANCE
à la Paix
d'Aix-la-Chapelle en
1668.

N°. 26.

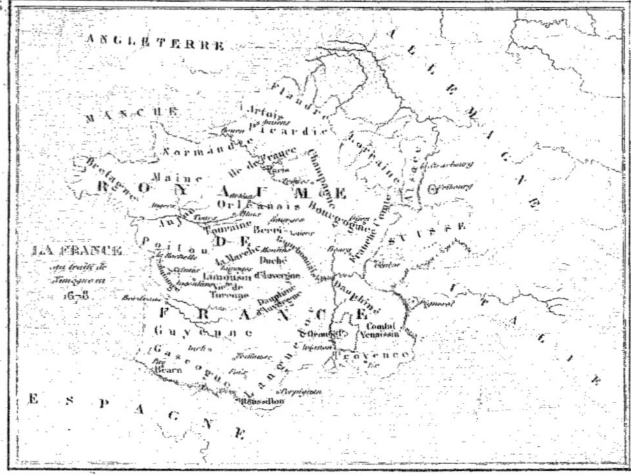

ANGLETERRE

MANCHE

ALLEMAGNE

SUISSE

ITALIE

ESPAGNE

ROYAUME DE FRANCE

LA FRANCE
au traité de
Nimègue en
1678.

N°. 27.

ANGLETERRE

MANCHE

ALLEMAGNE

SUISSE

ITALIE

ESPAGNE

ROYAUME DE FRANCE

LA FRANCE
au traité de
Ryswyk en
1697.

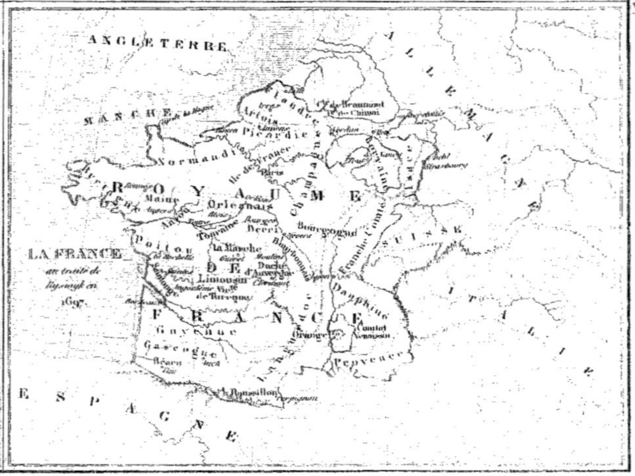

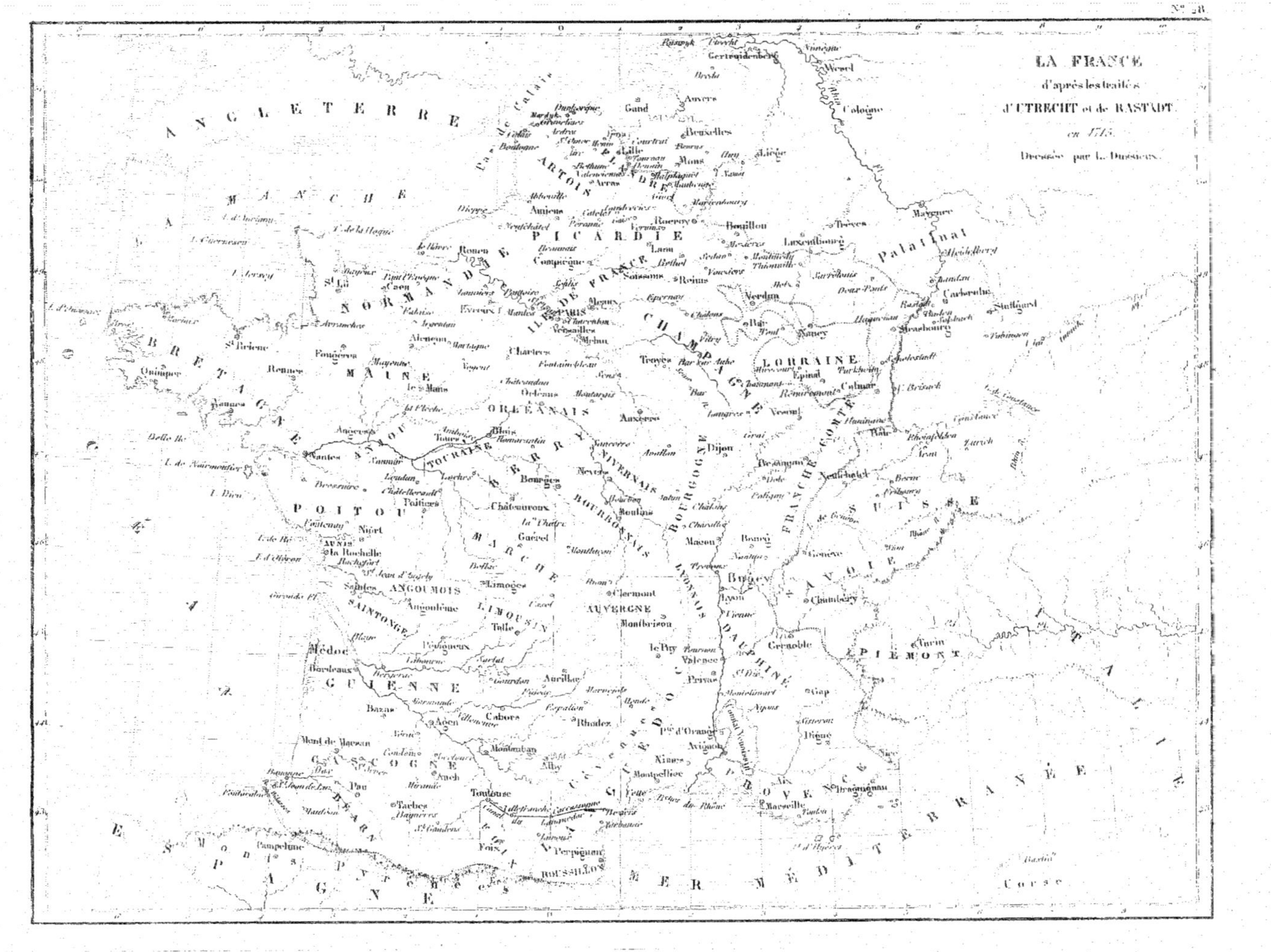
N° 28.
LA FRANCE
d'après les traités
d'UTRECHT et de RASTADT
en 1715.
Dressée par L. Dussieux.
ANGLETERRE
MANCHE
PICARDIE
ARTOIS
NORMANDIE
ILE DE FRANCE
CHAMPAGNE
LORRAINE
Palatinat
BRETAGNE
MAINE
ORLÉANAIS
ANJOU
TOURAINE
BERRY
NIVERNAIS
BOURGOGNE
FRANCHE COMTÉ
SUISSE
POITOU
AUNIS
ANGOUMOIS
SAINTONGE
MARCHE
LIMOUSIN
AUVERGNE
BOURBONNAIS
LYONNAIS
SAVOIE
DAUPHINÉ
PIÉMONT
GUIENNE
GASCOGNE
BÉARN
LANGUEDOC
PROVENCE
ROUSSILLON
ESPAGNE
MER MÉDITERRANÉE
Corse
Paris
Versailles
Rouen
Caen
Rennes
Nantes
Tours
Orléans
Bourges
Dijon
Lyon
Grenoble
Bordeaux
Toulouse
Montpellier
Marseille
Strasbourg
Nancy
Metz
Amiens
Lille
Gand
Anvers
Bruxelles
Liège
Cologne
Clermont
Limoges
Poitiers
La Rochelle

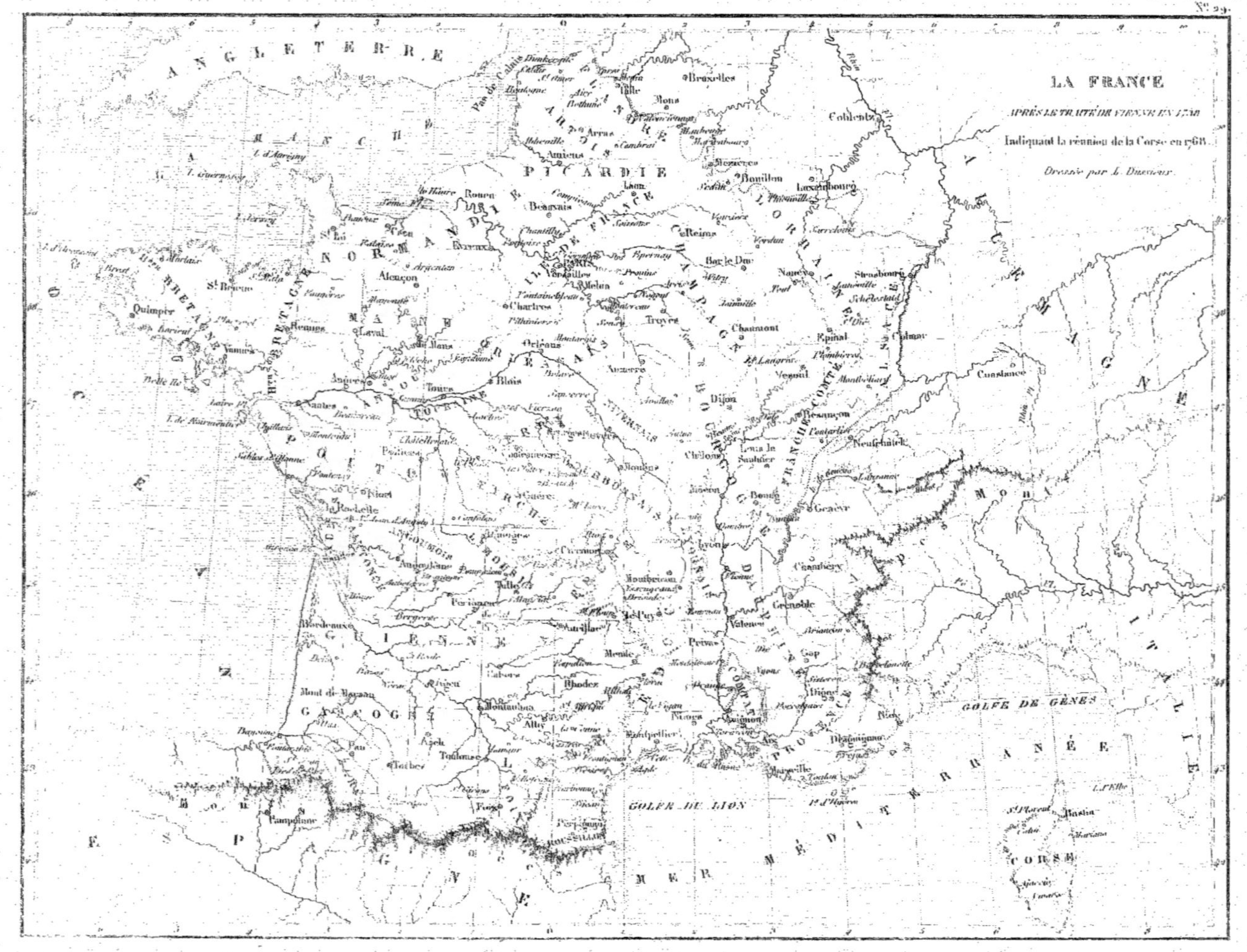
LA FRANCE
APRÈS LE TRAITÉ DE VIENNE EN 1738
Indiquant la réunion de la Corse en 1768.
Dressée par L. Dussieux.
ANGLETERRE
MANCHE
PICARDIE
NORMANDIE
BRETAGNE
ILE DE FRANCE
CHAMPAGNE
LORRAINE
ALSACE
FRANCHE COMTÉ
BOURGOGNE
TOURAINE
POITOU
GUIENNE
GASCOGNE
DAUPHINÉ
PROVENCE
ALLEMAGNE
ITALIE
CORSE
GOLFE DE GÊNES
GOLFE DU LION
MER MÉDITERRANÉE
ESPAGNE
Paris
Rouen
Reims
Strasbourg
Lyon
Bordeaux
Toulouse
Marseille
Grenoble
Dijon
Orléans
Tours
Nantes
Rennes
Bruxelles
Genève

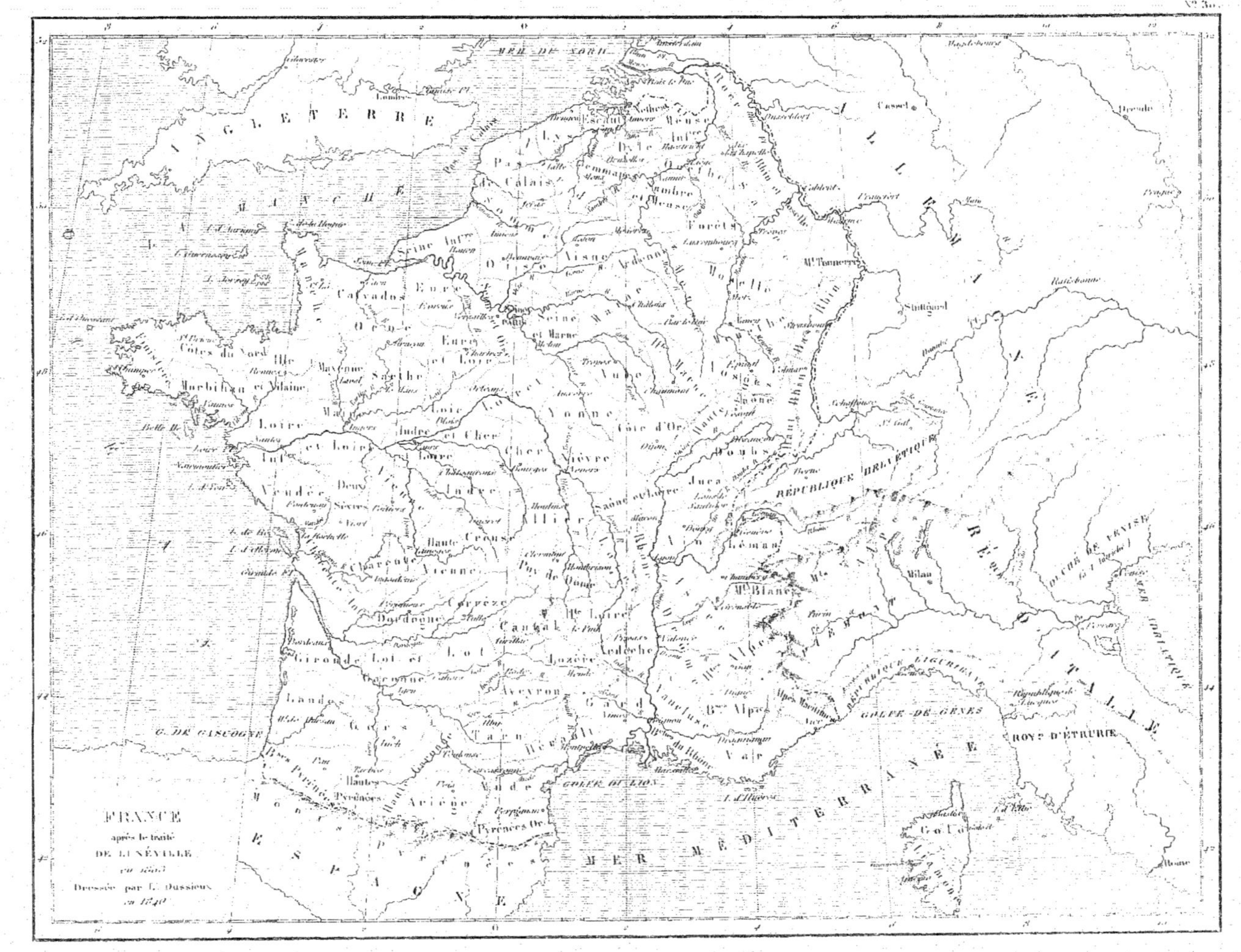
N° 30.
FRANCE
après le traité
DE LUNÉVILLE
Dressée par L. Dussieux
en 1840
ANGLETERRE
MANCHE
MER DE NORD
ALLEMAGNE
ESPAGNE
ITALIE
MER MÉDITERRANÉE
G. DE GASCOGNE
GOLFE DE LION
GOLFE DE GÊNES
RÉPUBLIQUE HELVÉTIQUE
RÉPUBLIQUE LIGURIENNE
ROY^E D'ÉTRURIE
MER ADRIATIQUE
Corse

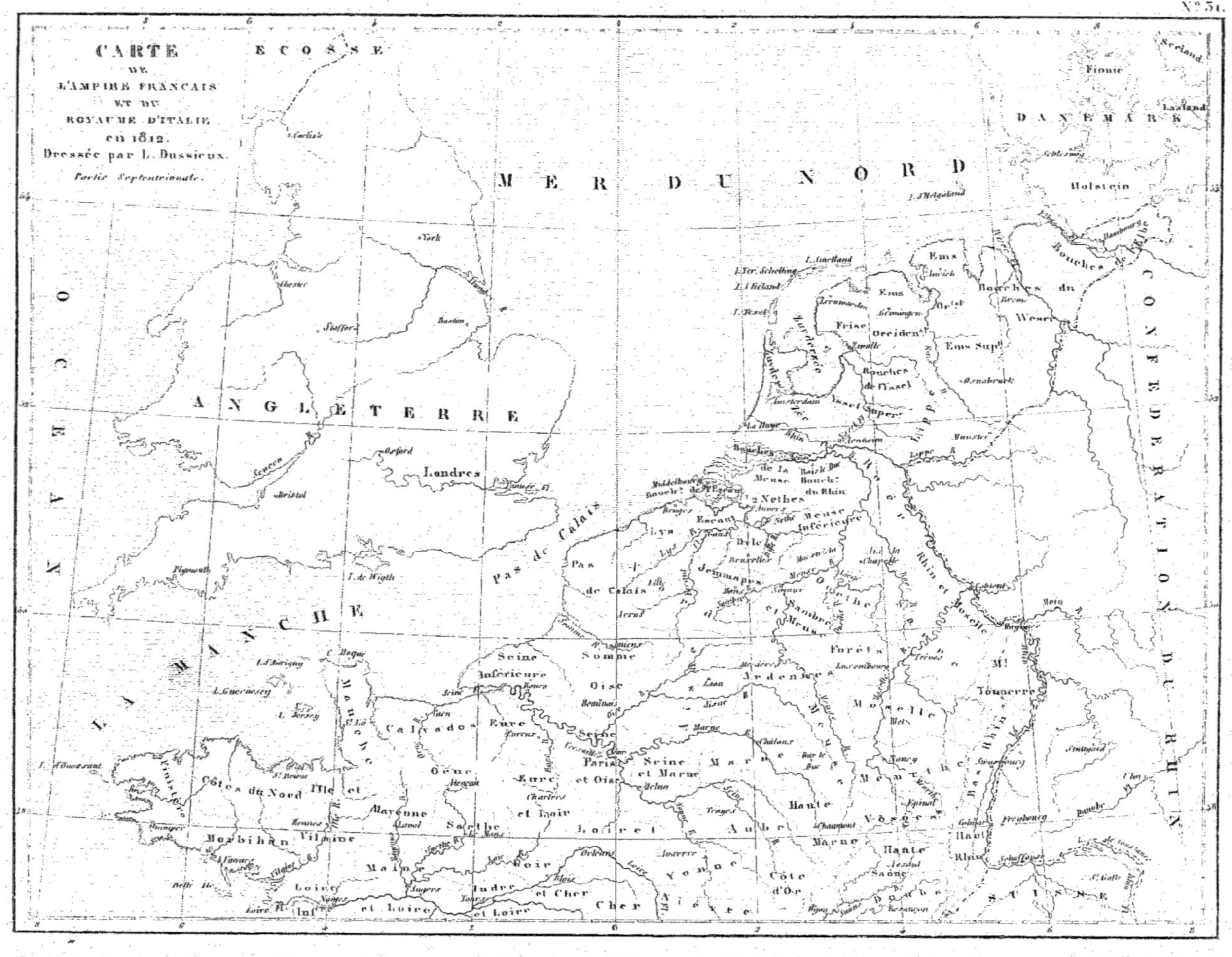
N° 51.
CARTE
DE
L'AMPIRE FRANCAIS
ET DU
ROYAUME D'ITALIE
en 1812.
Dressée par L. Dussieux.
Partie Septentrionale.
ECOSSE
MER DU NORD
DANEMARK
OCEAN
ANGLETERRE
Londres
LA MANCHE
Pas de Calais
CONFEDERATION DU RHIN
SUISSE
Holstein
Paris

N° 52.

CARTE
DE
L'EMPIRE FRANÇAIS
ET DE
ROYAUME D'ITALIE
en 1812.
Dressée par L. Dussieux.
Partie Méridionale.
MER MEDITERRANÉE
Golfe de Gênes
Golfe du Lion
MER ADRIATIQUE
Corse
SARDAIGNE
Majorque
Minorque
ESPAGNE
SUISSE
TYROL
ILLYRIE
AUTRICHE

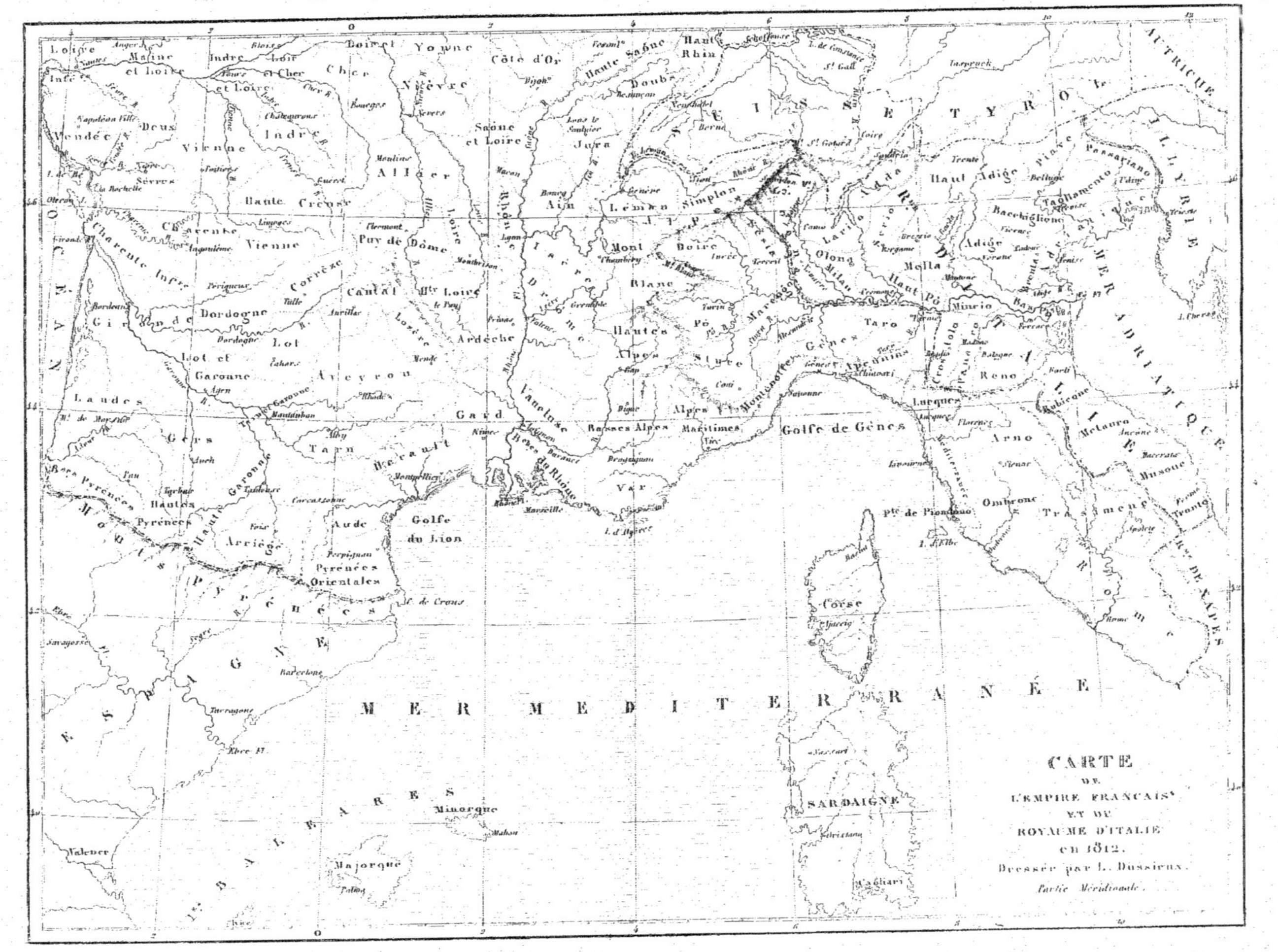

N° 33

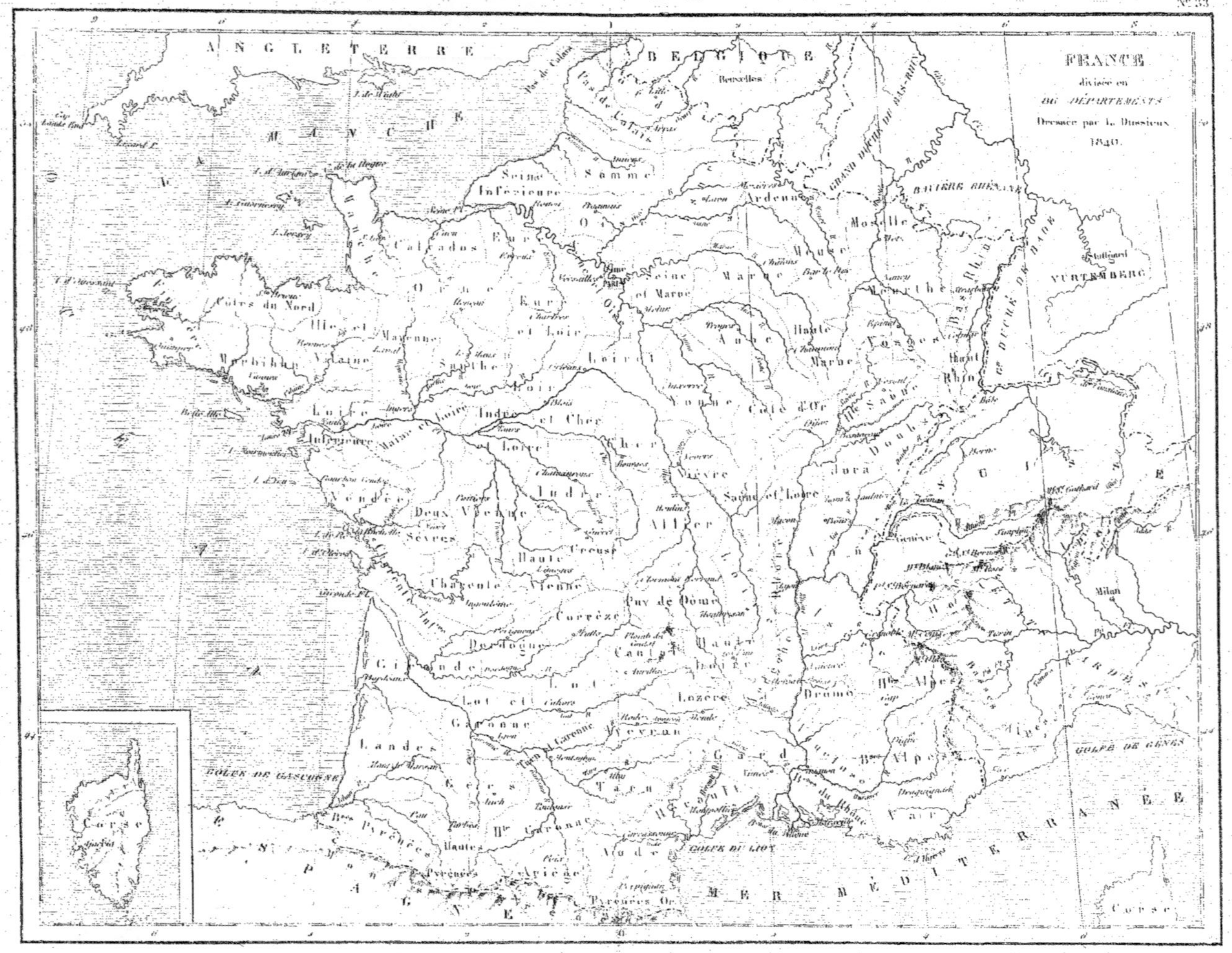

www.ingramcontent.com/pod-product-compliance
Ingram Content Group UK Ltd.
Pitfield, Milton Keynes, MK11 3LW, UK
UKHW022209190726
13855UKWH00004B/1689